DIVERSIÓN Y JUEGOS

A tiempo para la feria

Medición del tiempo

Wendy Conklin, M.A.

Asesoras

Michele Ogden, Ed.D
Directora, Irvine Unified School District

Jennifer Robertson, M.A.Ed.
Maestra, Huntington Beach City School District

Créditos de publicación

Rachelle Cracchiolo, M.S.Ed., *Editora comercial*
Conni Medina, M.A.Ed., *Gerente editorial*
Dona Herweck Rice, *Realizadora de la serie*
Emily R. Smith, M.A.Ed., *Realizadora de la serie*
Diana Kenney, M.A.Ed., NBCT, *Directora de contenido*
Stacy Monsman, M.A., *Editora*
Kevin Panter, *Diseñador gráfico*

Créditos de imágenes: pág. 6 Simon Potter/Getty Images; pág.10 incamerastock/Alamy Stock Photo; pág. 12 ImagesBazaar/Getty Images; pág. 14 Chicago History Museum/Getty Images; pág. 18 Paul Wood/Alamy Stock Photo; pág. 20 Dennis MacDonald/Alamy Stock Photo; pág. 25 Ann E Parry/Alamy Stock Photo; todas las demás imágenes de iStock y/o Shutterstock.

Teacher Created Materials
5301 Oceanus Drive
Huntington Beach, CA 92649-1030
http://www.tcmpub.com

ISBN 978-1-4258-2889-9

Made in China
Nordica.102017.CA21701218

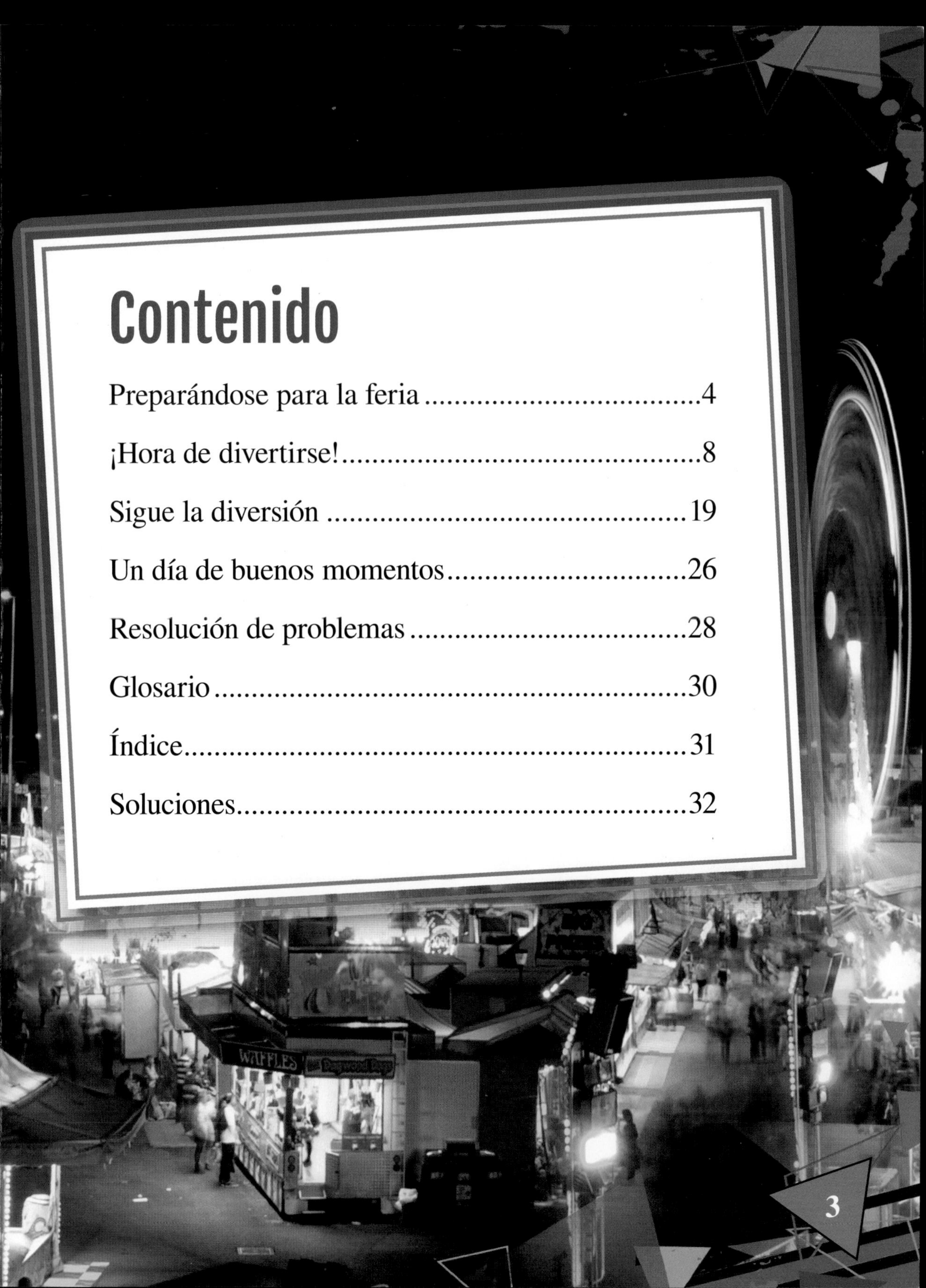

Contenido

Preparándose para la feria

"¡Despierta, dormilón! ¿No vamos a ir a la **feria** hoy?". Estas palabras te despiertan de un sueño profundo. Esperas la feria cada año. Piensas en las divertidas atracciones. Sueñas con la comida especial. ¡Sin olvidar el espectáculo de magia y el zoológico interactivo! Parece como si el día hubiera tardado una eternidad en llegar, ¡y por fin llegó!

Saltas de la cama y miras el **reloj**. Ya son las 10:15 a. m. Tardarás 15 **minutos** en comer, 5 minutos en vestirte y 2 minutos en cepillarte los dientes. ¿Cuánto **tiempo** te llevará estar listo?

Manzanas acarameladas

2514
ENTRADA
251496
251496
ENTRADA
251496

Ahora son las 10:37 a. m. Casi estás saliendo cuando alguien te recuerda tus quehaceres. Tu perro Zeus no se va a pasear solo. Entonces, tomas la correa y sales con él. Cuando vuelves son las 11:10 a. m.

Ahora bien, ¿dónde está la entrada para la feria? La búsqueda comienza en tu habitación desordenada. ¿Está debajo de tu cama o en los cajones? Después de 12 minutos de búsqueda, la encuentras en tu bolsillo.

Tu familia podría ir caminando a la feria, pero eso tomaría 45 minutos. Y te cansarías. Por suerte, el autobús pasa cada 15 minutos. Llegas a la parada del autobús a las 11:30 a. m. El siguiente autobús pasa en 10 minutos. De modo que lo esperas. El viaje dura 25 minutos. ¿A qué hora llegas a la feria?

EXPLOREMOS LAS MATEMÁTICAS

1. ¿Cuántos minutos lleva pasear a Zeus? ¿Cómo lo sabes?
2. Si vas caminando a la feria, ¿a qué hora llegarás? ¿Cómo lo sabes?
3. ¿Cuántos minutos ahorras si vas en autobús en lugar de ir caminando?

¡Hora de divertirse!

Finalmente, llegas a la feria con tu familia. Ves cerca los autos chocadores y el carrusel. Cada vuelta dura cinco minutos. ¿A cuál irás primero?

La fila para los autos chocadores es larga, pero es tu atracción favorita. Te gusta cuando los autos chocan unos contra otros y quedan atascados en un rincón. El letrero dice que la espera será de 30 minutos. Pero no hay nadie en la fila del carrusel. Decides comenzar por el carrusel y luego ir a la fila para subir a los autos chocadores. ¿Cuántos minutos te lleva subir a ambas atracciones?

Tobogán de agua con troncos

En busca de pasteles de embudo

El **tobogán de agua** con troncos está muy cerca. Luego de una rápida caminata de 5 minutos, decides subir para refrescarte. En el punto más alto del tobogán tienes una **vista aérea** de la feria. Puedes ver la rueda de la fortuna a la distancia. Después de 12 minutos de diversión empapada, decides que esta será tu próxima atracción.

Pero mientras caminas hacia la rueda de la fortuna, sientes el aroma de los **pasteles de embudo** que inunda el aire. Este se hace más intenso en tus 8 minutos de caminata. Tu estómago gruñe. En lugar de seguir a la multitud a la rueda de la fortuna, sigues a tu nariz hasta el puesto de comida cercano. Durante 5 dulces minutos, disfrutas cada bocado. ¿Cuántos minutos te lleva empaparte, caminar y comer tu bocadillo?

Pastel de embudo con fresas

En el espectáculo de magia

Es la 1:15 p. m. Con el estómago lleno de pastel de embudo, no sería buena idea subir a una atracción que da vueltas en círculos. No quieres sentirte mal en la feria. ¡Arruinaría todo tu día! ¿Qué actividad te permitiría descansar un poco y seguir divirtiéndote? Observas que el espectáculo de magia comenzará a la 1:30 p. m. El teatro está justo a la vuelta de la esquina. Por suerte, te espera un asiento en la primera fila.

El espectáculo comienza cuatro minutos tarde, pero vale la pena la espera. El **mago** saca un conejo de un sombrero vacío. Corta en dos a su asistente con una sierra. Saca un pez dorado de la oreja de una persona. Finalmente, entra en una caja y desaparece. Todo esto tarda 30 minutos. Para el momento en que termina, tu barriga está repuesta. ¡Ahora a volver a las atracciones!

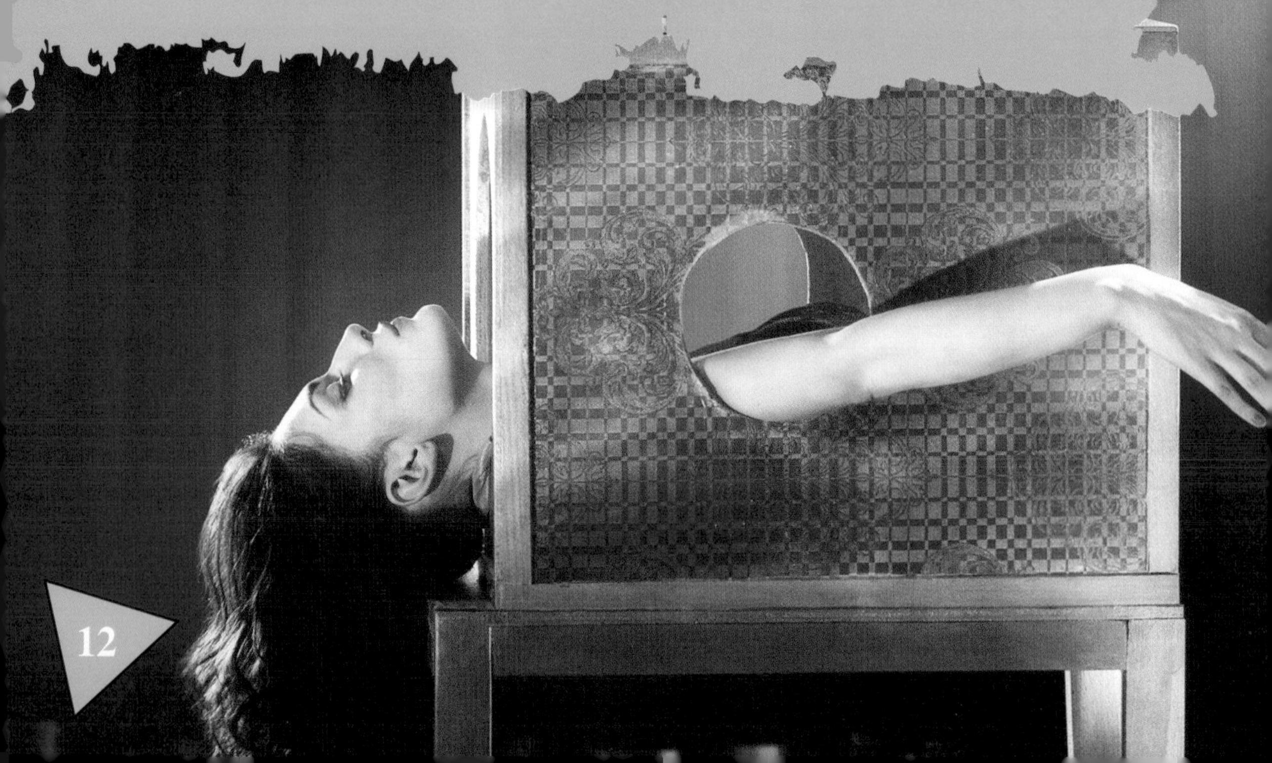

La fabulosa rueda de la fortuna

Tu reloj marca las 2:04 p. m. La rueda de la fortuna se detiene para que suba más gente. Esperas en la fila por cinco minutos y subes a bordo. No hay demasiadas personas. Solo toma seis minutos que suban los demás.

Mientras esperas, lees un letrero. Tiene información acerca de la primera rueda de la fortuna. La gente montó la primera rueda de la fortuna en 1893. ¡Una vuelta tardaba 20 minutos!

Finalmente, la espera termina, y la rueda de la fortuna gira y gira. Desde la cima, puedes ver toda la feria. Después de solo nueve minutos, el paseo llega a su fin. Es tu turno de bajar de la rueda de la fortuna. ¡Fue tan divertido!

La primera rueda de la fortuna se estrenó en la Exposición Universal de Chicago de 1893.

1. Usa los relojes para descubrir cuántos minutos lleva esperar, subir y dar una vuelta en la rueda de la fortuna.
2. ¿Cuánto más tardaba una vuelta en 1893 comparado con lo que tarda hoy? ¿Cómo lo sabes?
3. ¿De qué manera la pausa para subir y bajar pasajeros afecta el tiempo que tarda una vuelta en la rueda de la fortuna?

Espera en lugar de diversión

Para cuando llegas a la siguiente atracción ya son las 2:30 p. m. ¡La fila para la atracción de **péndulo** da dos vueltas! Tienes que esperar bastante, pero sabes que valdrá la pena. Desde el suelo, el péndulo se balancea de un lado al otro. Sientes un cosquilleo en la barriga mientras lo observas. Los felices pasajeros gritan de emoción. ¡Esto será divertido! Luego de 10 minutos, te acercas al comienzo de la fila.

Cuando finalmente llegas, el empleado coloca un letrero: "Cerrado por **mantenimiento**". No quieres abandonar tu lugar en la fila, así que esperas. Para tu pesar, la atracción tarda 45 minutos en volver a abrir, pero al fin llega tu turno.

EXPLOREMOS LAS MATEMÁTICAS

1. Usa la **recta numérica** para descubrir cuánto tiempo esperas para subir al péndulo.
2. ¿Qué hora es cuando termina tu espera?
3. La atracción fue divertida, ¿pero valió la pena la espera? Explica. En lugar de esperar en la fila, ¿qué otra cosa podrías haber hecho?

Sigue la diversión

Según tu reloj son las 3:25 p. m. Caminas hasta el área de juegos y ves los aros de baloncesto. También ves a algunas personas tratando de lanzar pequeñas bolas dentro de peceras. Y luego está el juego de lanzamiento de aros. ¿A cuál jugarás? Lanzar aros parece divertido, pero lo que realmente quieres es ganar el premio en el juego de baloncesto. Parece que no fue tan difícil decidirte como pensabas.

El juego de baloncesto solo dura 2 minutos. ¡Eres el ganador! Pero tu peluche es demasiado grande para cargarlo. Así que buscas un casillero para guardarlo. Después de 30 minutos, encuentras un casillero. Colocas el peluche en su interior. ¿Qué hora es ahora?

3:25

Hora de comer

A las 4:00 p. m. llegas a los puestos de comida. Necesitas una buena comida, no solo un bocadillo. Un puesto vende salchichas empanizadas. Otro tiene piernas de pavo asadas. También ves hamburguesas con papas fritas. ¿Qué quieres comer? Tomará 2 minutos comprar una salchicha empanizada. El puesto de piernas de pavo tiene una espera de 10 minutos. La espera por una hamburguesa con papas fritas es de 5 minutos. Sabes que quieres pasar todo el tiempo que puedas en el zoológico interactivo antes de que cierre. Entonces miras el mapa y observas que tardarás 5 minutos en caminar hasta allí. El mapa también indica que el zoológico interactivo cierra a las 4:30 p. m. Debes tomar una decisión importante.

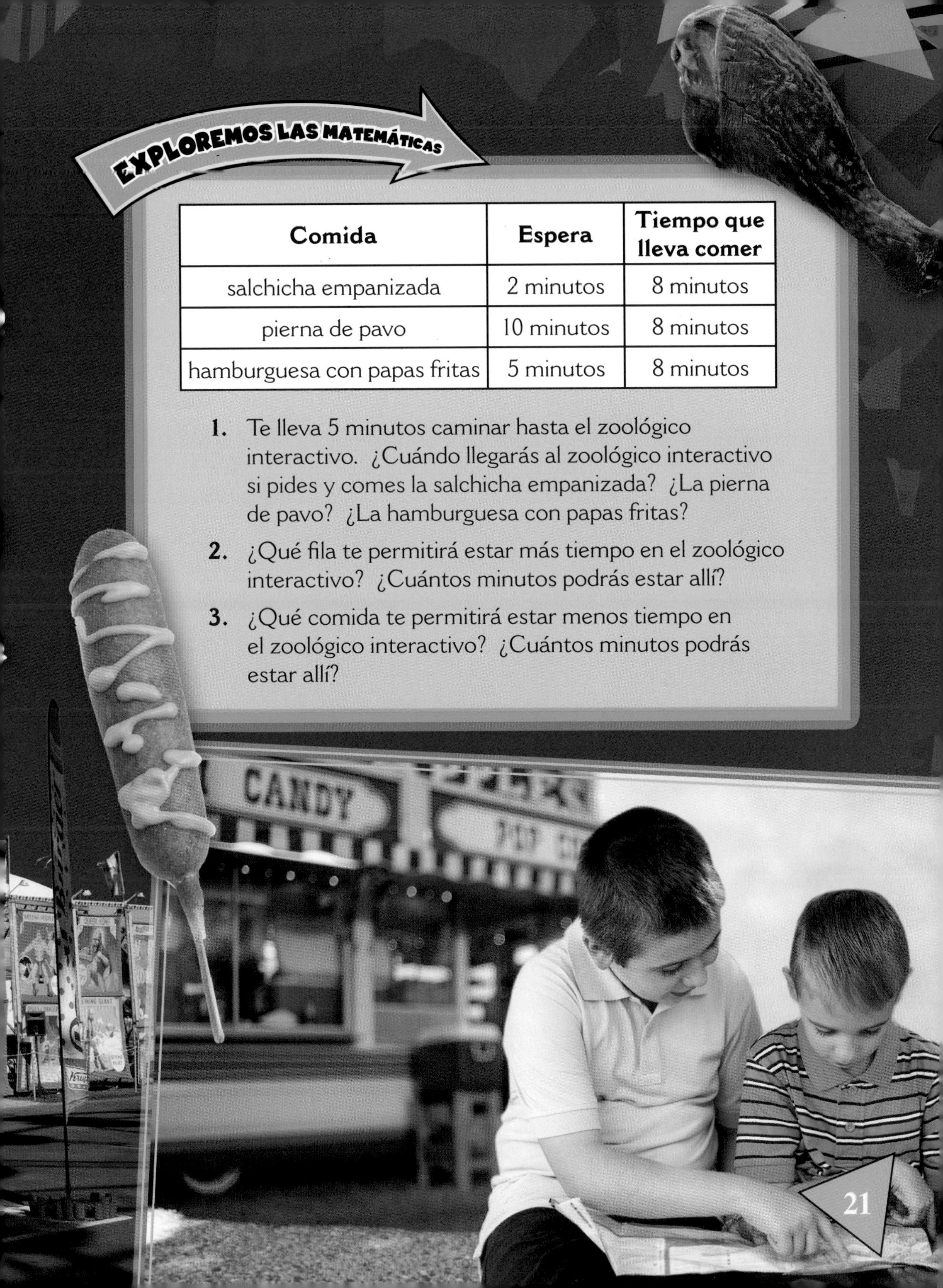

Exploremos las matemáticas

Comida	Espera	Tiempo que lleva comer
salchicha empanizada	2 minutos	8 minutos
pierna de pavo	10 minutos	8 minutos
hamburguesa con papas fritas	5 minutos	8 minutos

1. Te lleva 5 minutos caminar hasta el zoológico interactivo. ¿Cuándo llegarás al zoológico interactivo si pides y comes la salchicha empanizada? ¿La pierna de pavo? ¿La hamburguesa con papas fritas?
2. ¿Qué fila te permitirá estar más tiempo en el zoológico interactivo? ¿Cuántos minutos podrás estar allí?
3. ¿Qué comida te permitirá estar menos tiempo en el zoológico interactivo? ¿Cuántos minutos podrás estar allí?

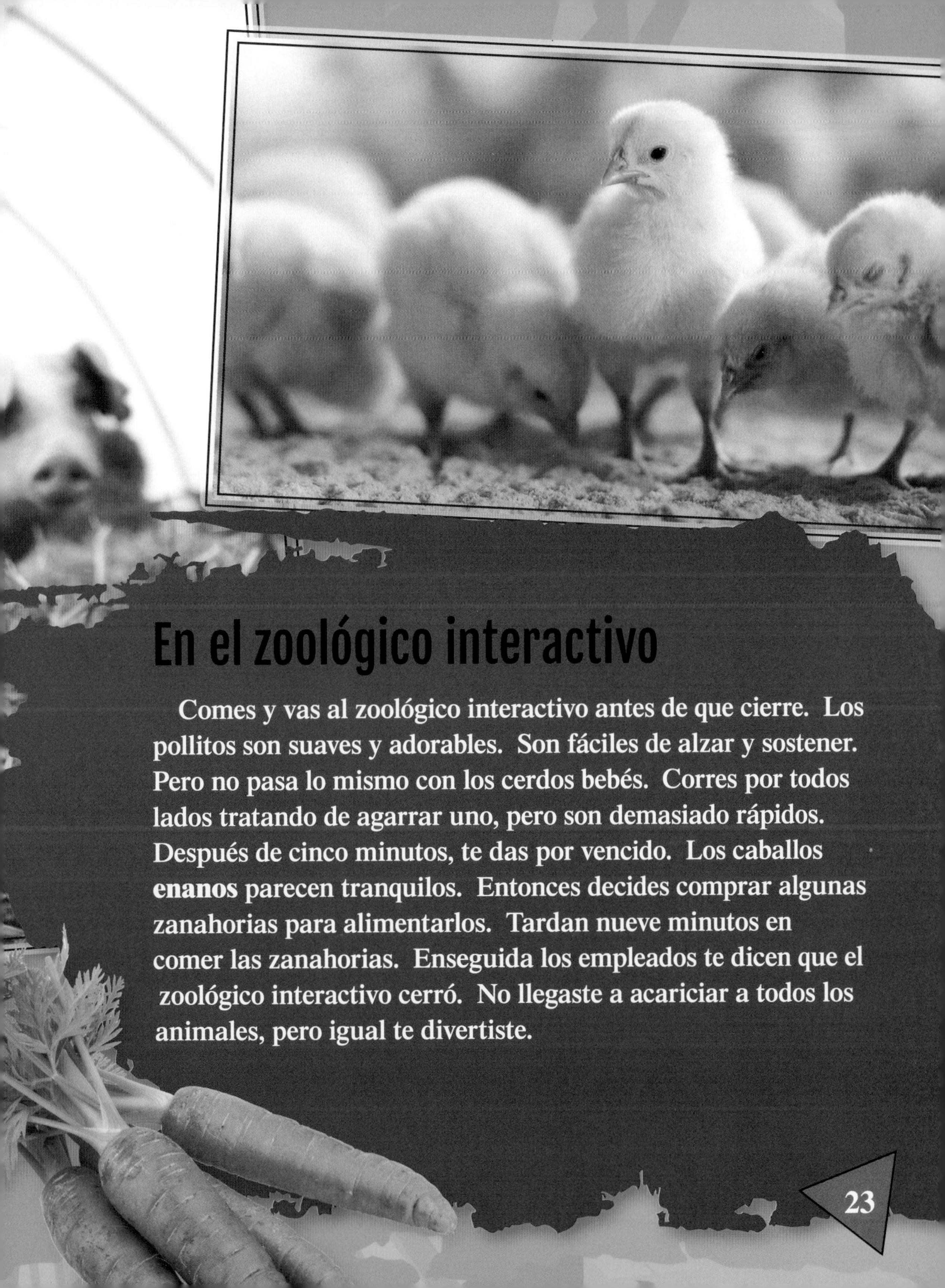

En el zoológico interactivo

Comes y vas al zoológico interactivo antes de que cierre. Los pollitos son suaves y adorables. Son fáciles de alzar y sostener. Pero no pasa lo mismo con los cerdos bebés. Corres por todos lados tratando de agarrar uno, pero son demasiado rápidos. Después de cinco minutos, te das por vencido. Los caballos **enanos** parecen tranquilos. Entonces decides comprar algunas zanahorias para alimentarlos. Tardan nueve minutos en comer las zanahorias. Enseguida los empleados te dicen que el zoológico interactivo cerró. No llegaste a acariciar a todos los animales, pero igual te divertiste.

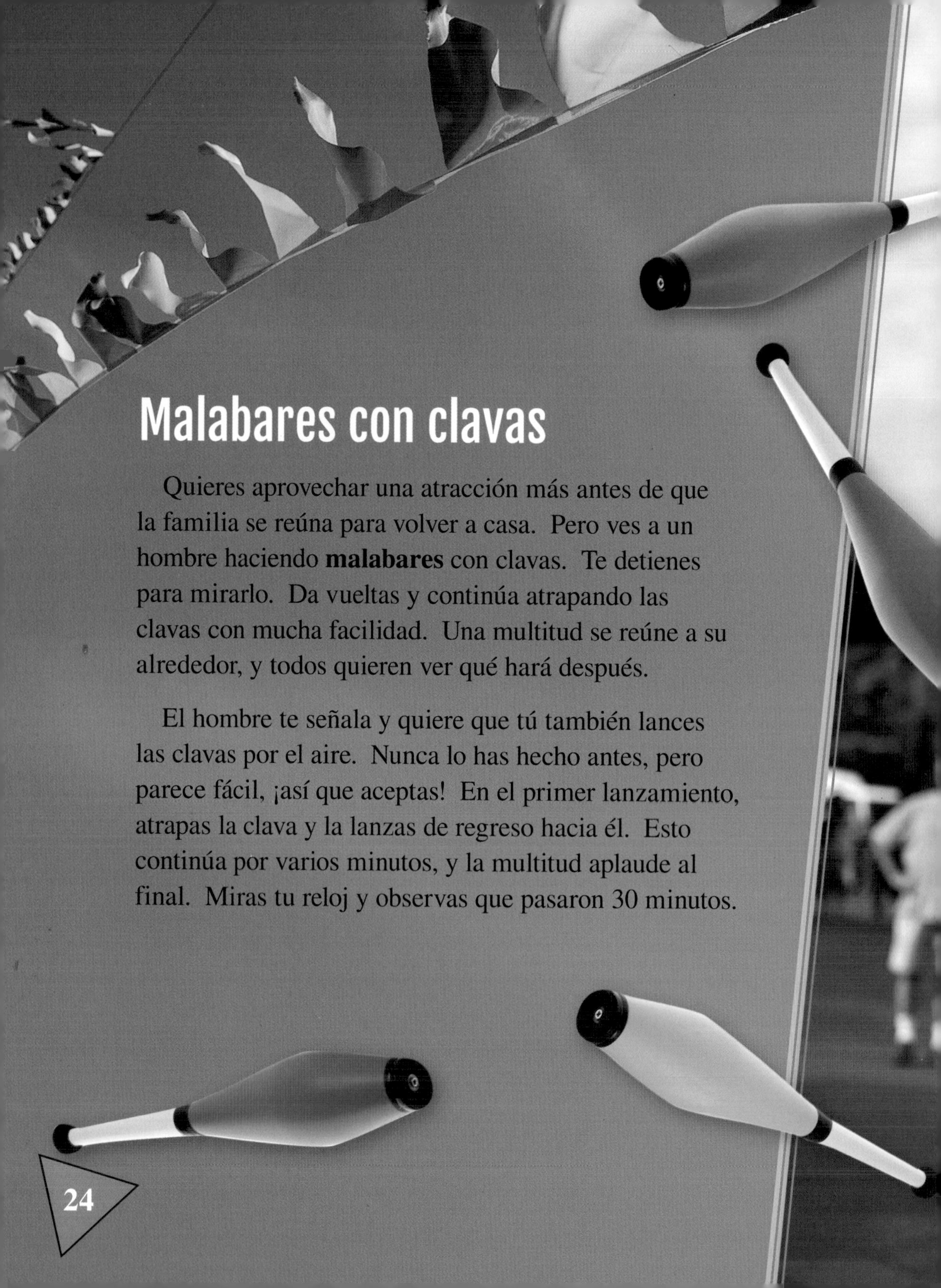

Malabares con clavas

Quieres aprovechar una atracción más antes de que la familia se reúna para volver a casa. Pero ves a un hombre haciendo **malabares** con clavas. Te detienes para mirarlo. Da vueltas y continúa atrapando las clavas con mucha facilidad. Una multitud se reúne a su alrededor, y todos quieren ver qué hará después.

El hombre te señala y quiere que tú también lances las clavas por el aire. Nunca lo has hecho antes, pero parece fácil, ¡así que aceptas! En el primer lanzamiento, atrapas la clava y la lanzas de regreso hacia él. Esto continúa por varios minutos, y la multitud aplaude al final. Miras tu reloj y observas que pasaron 30 minutos.

Un día de buenos momentos

Sin que te des cuenta, son las 5:00 p. m. El próximo autobús pasa en 30 minutos. Las sillas voladoras están cerca de la entrada a la feria. Así que decides montarlas antes de volver a la parada del autobús. La espera y la vuelta solo toman 15 minutos. Luego vas hasta el casillero y recoges tu peluche. Encuentras la salida de la feria y vas a la parada del autobús. Esto lleva otros 12 minutos.

Piensas en cuánto te divertiste durante el día mientras subes al autobús con tu familia. ¿Cuál fue la mejor parte del día? ¿Fue la comida, el espectáculo, las atracciones, el zoológico interactivo o los juegos? No lo puedes decidir porque te gustó todo ¡y estás ansioso por volver el próximo año!

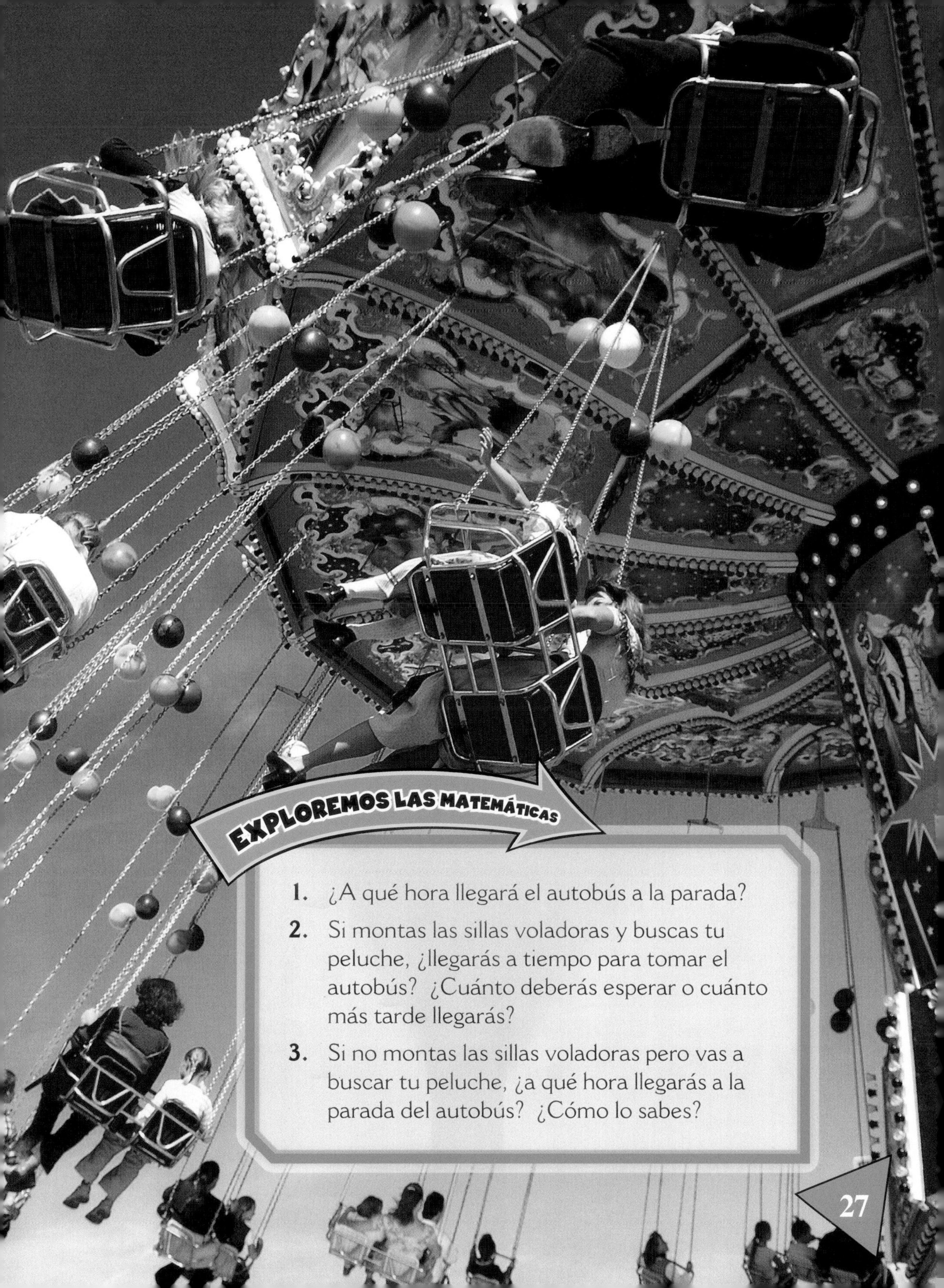

EXPLOREMOS LAS MATEMÁTICAS

1. ¿A qué hora llegará el autobús a la parada?
2. Si montas las sillas voladoras y buscas tu peluche, ¿llegarás a tiempo para tomar el autobús? ¿Cuánto deberás esperar o cuánto más tarde llegarás?
3. Si no montas las sillas voladoras pero vas a buscar tu peluche, ¿a qué hora llegarás a la parada del autobús? ¿Cómo lo sabes?

Resolución de problemas

El día se está acabando y casi es hora de volver a casa. Miguel quiere montar más atracciones, pero solo le quedan 35 minutos. Responde las preguntas para descubrir cómo maneja su tiempo Miguel.

1. ¿Qué dos atracciones tomarán más tiempo? ¿Cómo lo sabes?
2. ¿Qué atracción tomará menos tiempo? ¿Cómo lo sabes?
3. Diseña un plan para que Miguel pueda montar la mayor cantidad de atracciones posible en 35 minutos.

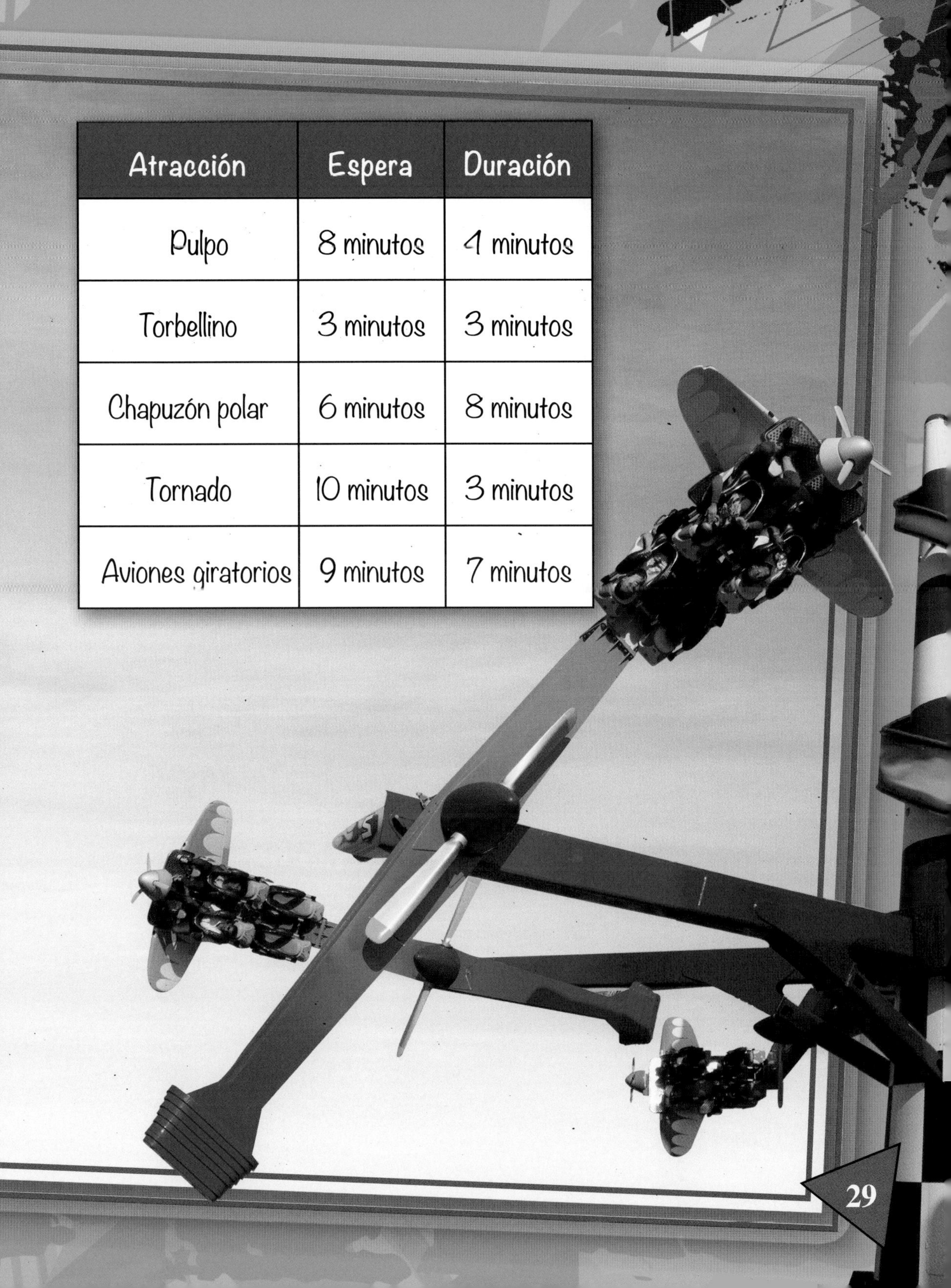

Atracción	Espera	Duración
Pulpo	8 minutos	4 minutos
Torbellino	3 minutos	3 minutos
Chapuzón polar	6 minutos	8 minutos
Tornado	10 minutos	3 minutos
Aviones giratorios	9 minutos	7 minutos

Glosario

enanos: muy pequeños

feria: parque itinerante con atracciones, juegos, comidas y espectáculos

mago: una persona que realiza trucos que parecen imposibles

malabares: juegos que consisten en mantener varios objetos en el aire lanzándolos y atrapándolos

mantenimiento: acción de reparar o solucionar problemas para que los equipos sigan funcionando y sean seguros

minutos: unidades de tiempo que duran 60 segundos

pasteles de embudo: masa frita espolvoreada con azúcar en polvo

péndulo: un elemento que tiene un peso en la parte inferior para que se balancee de un lado a otro

recta numérica: un dibujo matemático y herramienta para resolución de problemas con números ubicados en determinados puntos de una línea recta

reloj: un elemento que indica la hora

tiempo: el atributo que se mide en minutos, segundos, horas, días y años

tobogán de agua: un canal inclinado que lleva agua

vista aérea: la vista desde un lugar elevado, como si se viera desde la perspectiva de un pájaro

Índice

Soluciones

Exploremos las matemáticas

página 7:

1. 33 min; de 10:37 a 11:00 son 23 min, más 10 min da 11:10 a. m.
2. 12:07 p. m.; 11:10 más 12 min para encontrar la entrada da 11:22 a. m. De 11:22 a 12:00 son 38 min. Todavía necesito 7 min más, así que 12:00 más 7 min da 12:07 p. m.
3. 10 min;
   45 – 10 – 25 = 10

página 15:

1. 20 min
2. 11 min más;
   20 – 9 = 11, o 9 + 11 = 20
3. Lleva más tiempo subir a más pasajeros, así que la vuelta en la rueda de la fortuna tarda más.

página 17:

1. 55 min
2. 3:25 p. m.
3. Las respuestas variarán, pero pueden incluir: No valió la pena la espera en la atracción porque podría haber montado otra atracción o participado de algunos juegos en lugar de esperar.

página 21:

1. 4:15 p. m., 4:23 p. m., 4:18 p. m.
2. fila para comprar salchichas empanizadas; 15 min
3. fila para comprar pierna de pavo; 7 min

página 27:

1. 5:30 p. m.
2. Sí; esperar 3 min
3. 5:12 p. m.; toma 12 min buscar el peluche, y 5:00 más 12 min da 5:12 p. m.

Resolución de problemas

1. Chapuzón Polar y aviones giratorios; tomarán 14 min y 16 min, y no hay otras atracciones que tomen tanto tiempo
2. Torbellino; tomará 6 min, y es la que toma menos tiempo
3. Pulpo, Torbellino y Tornado; tomará 31 min (12 + 6 + 13 = 31). Al elegir las atracciones con la menor cantidad de min, Miguel logra ir a 3 atracciones.